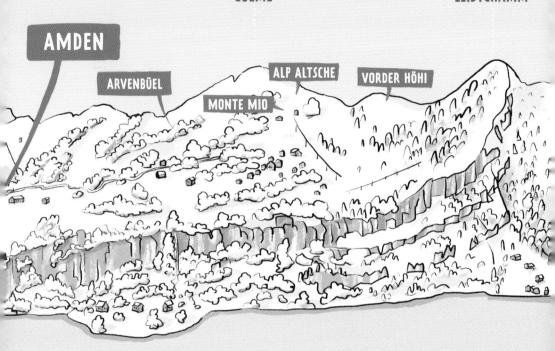

GULME

LEISTCHAMM

AMDEN

ARVENBÜEL

MONTE MIO

ALP ALTSCHE

VORDER HÖHI

WALENSEE

D1725810

In Kooperation mit:

Der Schweizer Schlittenhundesport Verein SSV fördert alle Aktivitäten mit Schlittenhunden und organisiert Rennen in der ganzen Schweiz sowie die Schweizer Meisterschaft.

CHF 1.– dieses Buches geht an:

Die Greenhope Foundation organisiert Events mit Profisportlern, um mit der Energie des Sports krebskranken Kindern und ihren Familien unvergessliche Momente zu ermöglichen und sie zu unterstützen.

Wir danken folgenden Partnern für die grosszügige Unterstützung:

Mit speziellem Dank an alle Kinder der Weesener Primarschule für die konstruktiven Feedbacks.

Frank Kauffmann · Daniel Reichenbach

SERAINA OLIVIO SIMON

Mit Arktis auf der Spur

BAESCHLIN

SOS Detektive – Mit Arktis auf der Spur
© Baeschlin, Glarus 2021
Gestaltung: as-grafik.ch, Urs Bolz
ISBN 978-3-85546-369-5
Alle Rechte vorbehalten.

Baeschlin wird vom Bundesamt für Kultur mit einem
Strukturbeitrag für die Jahre 2016–2020 unterstützt.

Besuchen Sie uns im Internet: www.baeschlinverlag.ch

Inhaltsverzeichnis

SERAINA OLIVIO SIMON

Seraina
Die beste Skate- und
Snowboardfahrerin vom
Walensee wohnt in Amden.
Sie hat vor nichts und
niemandem Angst.

Olivio genannt Oli
Der begnadete Schlossknacker
und Tüftler wohnt in Weesen.
Mit Geduld und Ausdauer
knackt er auch die
schwierigsten Fälle.

Simon
Der Tierliebhaber
aus Weesen beobachtet gerne
Insekten. So entdeckt
er oft Spuren, welche die
anderen übersehen.
Im Garten seiner Eltern
steht die Svalbard.

Señorita Frida Kahlo
Simons mexikanische
Rotknievogelspinne
lebt auf der Svalbard
und bewacht die Kasse
von S.O.S..

Tonje
Simons norwegische Grossmutter
hat den Kindern das Segelschiff
Svalbard geschenkt. Sie ist auch die
Initiantin des ersten Amdener
Schlittenhunderennens.

Andreas Regli
Der Exfreund von Dorothe
ist Koch im Restaurant
Monte Mio.

Roli Gmür
Kantonspolizist. Er ist mit Seraina verwandt.

Stefan Novak
Der grummlige Skilehrer aus Amden arbeitet im Sommer als Strassenwischer.

Chantale Bischoff
Die Amdener Hundetrainerin macht im Winter immer Ferien in der Karibik.

Dorothe Jenny
Die mehrfache Schweizermeisterin im Schlittenhunde-rennen wohnt im Arvenbüel.

Koni Strebel
Der ehrgeizige Staatsanwalt wohnt im Arvenbüel und ist Dorothe Jennys härtester Konkurrent.

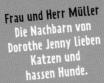

Frau und Herr Müller
Die Nachbarn von Dorothe Jenny lieben Katzen und hassen Hunde.

1

Allererstes Amdener Schlittenhunderennen

Es ist Freitagabend kurz nach fünf. Seraina, Oli und Simon stehen im Arvenbüel und warten auf den Bus. Der Ortsteil von Amden liegt 370 Meter höher als das Dorfzentrum. Hier hat es Skilifte, eine Natureisbahn, Langlaufloipen und Winter-wanderwege.

Der Winter war bis jetzt schneearm und viel zu warm. Doch nun liegen im Arvenbüel fast 2 Meter Neuschnee. Für die kommende Nacht sind die letzten Schneefälle angesagt. Am Samstag soll dann die Sonne scheinen. Beste Voraussetzungen also für das allererste Amdener Schlittenhunderennen vom Samstagnachmittag. Die ersten Musher, so nennt man Hundeschlittenfahrer, sind bereits angekommen. Gleich zwei der erfolgreichsten Schweizer Musher wohnen in Amden: die mehr-fache Schweizermeisterin Dorothe Jenny und Koni Strebel, ihr schärfster Gegner und ewiger Zweiter. Das Rennen wird also sicher spannend werden.

Dorothe Jenny arbeitet als Physiotherapeutin im Sportzentrum Kerenzerberg. Tagsüber küm-mert sich Chantale Bischoff um Dorothes Hunde. Doch die Hundetrainerin ist gerade in den Ferien. Deshalb sind Seraina, Oli und Simon, kurz S.O.S., für sie eingesprungen. Die drei haben sich bereits einen Namen als Helfer in der Not gemacht. Meis-tens leisten sie Nachbarschaftshilfe. Doch am

liebsten lösen Seraina, Oli und Simon knifflige Detektivfälle.

Während der Sportferien wohnen die drei auf der Svalbard. Das Segelschiff ist ein Geschenk von Simons norwegischer Grossmutter Tonje. Es steht im Garten von Simons Eltern unten im Tal, in Weesen am Walensee.

Dort hinunter fahren sie gerade. Eine halbe Stunde dauert die Fahrt. Seraina, Oli und Simon

sind hungrig und müde. Verständlich. Sie sind den ganzen Tag mit Dorothes Hunden Farlig, Frigg, Tilde und Tik im Schnee herumgetollt. Zum Glück hat Tonje sie zum Znacht eingeladen. Gegen 18 Uhr kommen sie bei ihr in der Alterssiedlung an. Es gibt vafler med syltetøy. Auf Deutsch: Waffeln mit Konfitüre.

Die schmecken himmlisch.

Simon streicht eine dicke Schicht Heidelbeer-konfitüre auf seine Waffel.

«Freust du dich über den Schnee?», fragt er seine Grossmutter.

«Ja», lacht Tonje. «Und wie! Ich hatte schon Angst, dass das erste Amdener Schlittenhunderen-nen ins Wasser fällt.»

«Wie bist du denn überhaupt auf die Idee mit dem Rennen gekommen?», fragt Seraina.

«Bevor ich an den Walensee kam, kannte man hier ja gar keine Hundeschlitten», antwortet Tonje.

«Ich weiss noch genau, wie damals Serainas Grossvater die Pfeife aus dem Mund fiel, als ich an ihm vorbeigesaust bin. Damals beschloss ich, irgendwann einmal ein Rennen zu organisieren. Und jetzt ist es endlich so weit. Der erste Lauf findet morgen Nachmittag um 15 Uhr statt, der zweite am Sonntag um 11 Uhr.»

«Warum machst du eigentlich nicht selber mit?», fragt Simon.

«Ich bin ein bisschen ausser Training. Ausserdem ist es nur ein Rennen über Kurzdistanz. 8 Kilometer ist viel zu wenig. Spass macht es erst, wenn man tagelang unterwegs ist. Darum war ich früher oft in der Finnmark in Norwegen. Dieser norwegische ‹Kanton› ist grösser als die Schweiz. Ausserdem wohnen dort nur 75 000 Einwohner.»

«Und wir haben 8.5 Millionen», sagt Oli. Er rechnet nach: «Das sind 113-mal mehr.»

Tonje lacht. «1991 habe ich am Finnmarksløpet mitgemacht. 1200 Kilometer in 13 Tagen.» Sie zeigt auf ein Foto von einem Hundeschlittengespann an der Wand. «Toll. Aber es war brutal kalt: 34 Grad unter null. Trotzdem gaben meine

Hunde und ich jeden Tag Vollgas. Auf der Etappe nach Karasjok schwitzte ich wie im Hochsommer. Doch der Schweiss gefror sofort wieder. So wuchsen mir um die Mundwinkel herum zwei riesige Eiszapfen aus dem Gesicht. Als ich in Karasjok ankam, rannten alle davon, weil sie dachten, ich sei ein Säbelzahntiger.»

Simon schüttelt den Kopf. «Säbelzahntiger sind doch schon längst ausgestorben, Tonje.»

«Dann habe ich mich versprochen. Ich wollte Walross sagen.»

Die Kinder lachen. Tonjes Geschichten sind noch fantastischer als ihre vafler med syltetøy.

Seraina grinst. «Und du warst wahrscheinlich wie immer die Erste, oder?»

«Fast», schmunzelt Tonje.

Nach dem Dessert verabschieden sich die drei. Sie stapfen durch den tiefen Schnee zur Svalbard. Dort müssen sie erst noch das Deck freischaufeln. Zum Glück hat Olis Vater, der Handwerker ist, die Svalbard für die Kinder wintersicher ausgebaut. So ist es drinnen gemütlich und warm. Bevor

die drei ins Bett gehen, mixen sie sich noch einen ‹Raubstaubsauger›. Diesen Drink haben sie nach ihrem letzten grossen Fall kreiert.

«Ich finde den Raubstaubi immer noch super», gähnt Simon. «Doch für den Winter müssten wir eigentlich mal etwas Warmes haben.»

«Ja», seufzt Oli. «Ein neuer Fall müsste her!»

Seraina nickt. «Doch ich fürchte, so schnell wird sich nichts ergeben!»

2

Spurlos
verschwunden

Am nächsten Morgen poltert Tonje in die Kajüte
der Svalbard.

«Seraina, Oli, Simon! Stå opp! Raskt! Ich meinte
oppstehen, schnell!»

«Mensch, bestemor», ärgert sich Simon. ‹Bestemor›, so heisst Grossmutter auf Norwegisch.

Oli ächzt: «Wie spät ist es denn?»

«7:40 Uhr», brummt Seraina. «Hast du wenigstens Gipfeli, Tonje?»

«SOS!», ruft Tonje, so laut sie kann. «Notfall! Los! Dorothes Hunde sind verschwunden!»

Die drei sind auf einen Schlag wach.

«Zieht euch an! Jeg venter i bilen – ich meine, ich warte im Auto.»

Schon 10 Minuten später kämpft sich Tonjes uralter VW-Bus die frisch gepfadete Strasse den Berg hinauf. Über Nacht sind sicher noch einmal 20 Zentimeter Schnee gefallen. Doch die Kinder haben jetzt kein Auge dafür. Gebannt hören sie Tonje zu.

Die erzählt, dass Dorothe vorhin angerufen habe. Doro übernachte doch freitags immer bei ihren Eltern in Glarus. Nach dem Zmorgen sei sie direkt nach Hause gefahren. Dort habe sie dann fast der Schlag getroffen: Der Zwinger habe offen gestanden, und alle Hunde seien verschwunden. Alle ausser Arktis. Den habe sie ja in Glarus dabeigehabt.

Arktis ist Dorothes ältester Schlittenhund. Er ist inzwischen zu alt, um Rennen zu laufen.

Als sie im Arvenbüel ankommen, steht Dorothe mit dem Kantonspolizisten Roli Gmür vor dem leeren Hundezwinger.

«Oh, S.O.S. hier», begrüsst Roli die Kinder.

Roli kennt die drei Jungdetektive gut. Sie haben schon einige spektakuläre Fälle gelöst. Im letzten Sommer sind sie beispielsweise dem berüchtigten Badidieb auf die Schliche gekommen.

«Was ist denn hier passiert?», fragt Seraina.

Dorothe wischt sich die Tränen aus den Augen. «Keine Ahnung. Als ich heimkam, stand die Zwingertüre offen und von Farlig, Frigg, Tilde und Tik keine Spur. Habt ihr vielleicht vergessen abzuschliessen?»

Oli schüttelt den Kopf. «Wir haben ganz sicher abgeschlossen. Und danach haben wir den Schlüssel in der Schlüsselbox neben dem Eingang deponiert. Wie immer.»

«Wo ist denn das Vorhängeschloss vom Zwinger?», fragt Simon.

«Weg», schnieft Dorothe.

«Wenn wir vergessen hätten, abzuschliessen», meint Seraina, «dann müssten der Schlüssel und das Vorhängeschloss in der Schlüsselbox liegen.»

«Schauen wir doch am besten gleich einmal nach», schlägt Roli vor.

Sie gehen zusammen zum Wohnhaus hinüber.

«Nanu! Da steht ja ein grosses Paket vor der Haustüre», sagt Dorothe erstaunt.

«Vom Entführer?», fragt Simon.

Dorothe wischt den Schnee darauf ab. Auf der Kartonschachtel steht geschrieben: ‹Damit wären wir quitt. Auf Nimmerwiedersehen!›

«Keine sehr nette Botschaft!», meint Roli.

«Das ist die Schrift von meinem Exfreund», seufzt Dorothe. «Wir haben uns vor zwei Wochen getrennt.»

«Oh, das tut mir leid», sagt Tonje.

Dorothe winkt ab. «Wir hatten schon länger Schwierigkeiten.»

Sie macht die Schachtel auf. Darin ist alles durcheinander: Kleider, Bücher, Schminksachen und ein Zahnbürsteli.

Oli geht zur Schlüsselbox neben der Haustüre, tippt den Code ein und öffnet sie.

«Seht ihr, der Schlüssel ist da. Aber kein Schloss!»

«In dem Fall wurde es aufgebrochen und dann weggeworfen oder mitgenommen!», meint Simon.

«Sehen Sie, Herr Gmür», sagt Dorothe. «Ich habe es Ihnen doch gesagt! Die Kinder waren es nicht. Jemand hat die Hunde entführt.»

«Oder einfach aus dem Zwinger gelassen», sagt Roli. «Vielleicht kommen sie ja wieder zurück, sobald sie Hunger haben.»

«Hoffentlich sind sie bis zum Start vom Rennen wieder da!», sagt Tonje.

«Wie schnell kann die Polizei sie finden?», fragt Dorothe.

Roli schüttelt den Kopf. «Es tut mir leid, Frau Jenny. Wir haben heute eine interkantonale Übung. Vor Montag können wir keine Ermittlungen aufnehmen.»

«Und meine Hunde? Das Rennen?» Dorothe beginnt zu weinen.

«Könnt ihr wirklich niemanden abordnen?», fragt Tonje.

Der Polizist schüttelt den Kopf.

Seraina stupst Roli an und zwinkert ihm zu. Der versteht sofort.

«Frau Jenny, vor Ihnen stehen ja die besten Privatdetektive vom Walensee. Ich bin mir sicher, S.O.S. würden Ihnen sehr gerne helfen.»

«Da hat der Roli Recht!», nickt Tonje. «Wenn dir jemand bis heute Nachmittag zum Start die Hunde zurückbringen kann, dann die drei.»

«Würdet ihr denn das für mich tun?», schnieft Dorothe.

Seraina, Oli und Simon nicken.

«Gut. Abgemacht. Dann habt ihr den Fall.»

③
Lagebesprechung

Roli und Tonje verabschieden sich.

«Und wir», sagt Dorothe zu den Kindern, «machen eine Lagebesprechung in der Küche. Kommt!»

Sie setzen sich in die grosse, gemütliche Wohnküche. Dorothe macht für alle eine heisse Schoggi.

Seraina, Oli und Simon schauen sich solange Dorothes Pinnwand an.

«Ist das Frau Bischoff?», fragt Seraina und zeigt auf eine Postkarte. Dorothes Hundetrainerin sitzt unter einer Palme am Strand mit einem Drink in der Hand.

Dorothe nickt. «Die Karte kam gestern aus der Karibik.»

«Sie ist nicht allein dort», bemerkt Seraina.

Tatsächlich, auf Chantale Bischoffs Schulter ruht eine Männerhand.

«Keine Ahnung, wer das sein könnte!», grinst Dorothe. «Chantale fliegt jetzt schon zum vierten Mal dorthin. Wahrscheinlich hat sie sich einen karibischen Liebhaber geangelt.»

Simon rümpft die Nase. «Ich finde, man sollte nicht so weit in die Ferien fliegen. Wegen der Klimaerwärmung. Sie könnte sich ja auch hier einen Mann suchen.»

«Genau!», sagt Oli. «Und im Tessin ist es doch auch sehr schön.» Oli kennt sich aus. Sein Vater ist Tessiner.

Seraina zeigt auf ein anderes Foto: «Und das bist du mit deinem Exfreund?»

«Ja. Das ist Andreas. Das war vor zwei Jahren. Damals waren wir frisch verschätzelt.»

«Kommt Andreas von hier?», fragt Seraina.

«Nein», sagt Dorothe, «aus Andermatt. Er ist Koch. Er arbeitet im Sommer im ‹Lago Mio› und im Winter im ‹Monte Mio›. Und er wohnt unten in Weesen.»

«Warum habt ihr euch denn getrennt?», fragt Simon.

Dorothe seufzt. «Andreas ist eifersüchtig auf die Hunde. Er fand, ich würde viel zu viel Zeit mit ihnen verbringen. Viel mehr als mit ihm. – Was ja auch stimmt. Er hat mich dann vor die Wahl gestellt: Hundesport oder er. Und ich habe mich für die Hunde entschieden.»

«Eifersucht ist ein häufiges Motiv», sagt Oli.

Dorothe schüttelt den Kopf. «Das kann ich mir nicht vorstellen. Andreas ist zu gutmütig. Er kann halt nicht ertragen, nur die Nummer 2 zu sein.»

«Wir werden ihm sicher einen Besuch abstatten müssen», meint Seraina.

Dorothe nickt. «Tut das. Ihr findet ihn im ‹Monte Mio›.»

«Gibt es denn noch jemanden, der deine Hunde nicht mag?», fragt Simon.

«Ja. Meine Nachbarn. Die Müllers! Die hassen uns abgrundtief.»

«Warum denn das?»

«Die haben mehr als 17 Katzen. Und sie haben Angst davor, dass meine Hunde einem ihrer Lieblinge ein Haar krümmen könnte. Ausserdem sind

wir ihnen viel zu laut. Kaum macht einer der Hunde nachts ‹wuff›, rufen sie schon die Polizei an. Nächtliche Ruhestörung! Sie haben sogar versucht, mir die Hundehaltung gerichtlich zu verbieten. Allerdings erfolglos.»

«Traust du ihnen zu, dass sie den Zwinger aufgebrochen haben?», fragt Oli.

Dorothe nickt. «Denen traue ich alles zu! Die würden uns am liebsten vergiften.»

«Ich finde es ja sehr komisch, dass deine Hunde genau vor dem Rennen verschwinden», meint Seraina. «Gibt es vielleicht jemanden, der keine Konkurrenz möchte?»

«Die Szene in der Schweiz ist klein. Es gibt nur wenige Rennen pro Jahr. Wir Musher kennen uns untereinander ziemlich gut», sagt Dorothe nachdenklich. «Einige freut es sicher sehr, wenn ich ausfalle. Am meisten profitiert Koni Strebel davon. Der Arme hat noch kein einziges Rennen gegen mich gewonnen. Am allerschlimmsten ist es für ihn, schlechter als eine Frau zu sein. Seine Wutanfälle im Ziel sind sagenhaft.»

«Kann er es gewesen sein?», fragt Seraina.

Dorothe schüttelt den Kopf. «Koni ist zwar skrupellos, wenn es ums Gewinnen geht, aber auf der anderen Seite ist er Staatsanwalt. So etwas würde er nie machen. Doch er freut sich sicher sehr darüber.» Sie schaut auf die Uhr. «08:38 Uhr. Ich habe eine Teamkollegin, Carla. Die wohnt in Solothurn. Sie wollte heute auch mitmachen, hat aber die Grippe. Ich denke, ich hole ihre Hunde. Wenn ich jetzt losfahre, dann reicht es noch für den ersten Lauf.»

«Kannst du denn mit fremden Hunden gewinnen?», fragt Simon.

Dorothe schüttelt den Kopf. «Carlas Hunde sind nicht so stark wie Farlig, Frigg, Tilde und Tik. Doch am ersten Schlittenhunderennen in Amden will ich unbedingt dabei sein. Das ist wichtiger als gewinnen.»

Oli nickt. «Und vielleicht finden wir ja die Hunde noch vorher.»

«Ich lasse euch Arktis hier. Der kann euch beim Suchen helfen. Seid ihr telefonisch erreichbar?»

«Ja», sagt Simon. «Wir haben das S.O.S.-Handy im SPUSI.»

SPUSI, so nennen die drei ihren Spurensicherungsrucksack.

Sie tauschen die Nummern aus. Wenig später fährt Dorothe davon. Seraina, Oli und Simon stehen mit Arktis vor dem Haus und winken ihr nach.

4

Hundehasser

«Und was machen wir jetzt?», fragt Simon.

«Wir klappern die Verdächtigen ab», grinst Oli.
«Und wir beginnen mit den Müllers!» Er zeigt aufs
Nachbarhaus.

«Und du kommst mit», sagt Seraina zu Arktis. «Du kannst uns helfen, deine Freunde zu finden.»

«Oder uns vor wilden Katzenhorden beschützen», grinst Simon.

Vor dem Grundstück des Nachbarhauses steht eine grosse, selber gemalte Hundeverbotstafel.

«Wer den Kopf vom Hund darauf trifft, der hat gewonnen!», schlägt Seraina vor.

Natürlich landet ihr Schneeball mitten im Ziel.

Olis Schneeball klatscht immerhin auf den roten Rand der Tafel.

«Du hast die Rechnung ohne den Wirt gemacht, Seraina!», sagt Simon. Er zielt genau, holt aus und wirft. Im gleichen Moment taucht direkt neben dem Schild Herr Müller auf. Simons Schneeball trifft ihn mitten auf die Stirn.

«Entschuldigung», murmelt Simon.

«Geht's eigentlich noch!», schimpft der Mann. Doch richtig wütend wird er erst, als er Arktis entdeckt: «Das ist Privatbesitz! Hunde sind hier verboten! Fort, aber sofort! Sonst rufe ich die Polizei.»

«Wir stehen hier immer noch auf der Strasse», stellt Seraina fest. «Und die gehört der Gemeinde.»

«Auch noch frech werden? Euch werde ich's zeigen!» Herr Müller geht mit erhobener Schneeschaufel auf sie zu.

Das macht den dreien Angst. Doch Arktis lässt sich nicht einschüchtern. Er fletscht die Zähne, knurrt und geht Herrn Müller bellend entgegen.

Wie von einer Wespe gestochen, lässt der die Schaufel los und rennt in Richtung Haus davon. «Zu Hilfe! Sofie! Hilfe!», schreit er laut.

Im Haus geht ein Fenster auf. Eine dicke Frau erscheint in der Fensteröffnung. Sie hält eine altmodische Videokamera in der Hand. 3 fette Katzen sitzen um sie herum. «Lass dich ruhig beissen, Hansruedi. Ich filme hier alles. Und nachher rufen wir gleich die Polizei an. Der Hund trägt ja nicht einmal einen Maulkorb! Der muss eingeschläfert werden.»

«Fuss!», ruft Seraina Arktis zu. Der kehrt sofort um, setzt sich neben sie und schaut sie treuherzig an. «Gut gemacht», flüstert sie ihm zu und krault ihn am Kopf.

«Frau Müller!», ruft Oli. «Haben Sie per Zufall auch das Verschwinden von Dorothe Jennys Hunden gefilmt?»

«Was?» Frau Müller starrt die Kinder fragend an.

«Die Hunde Ihrer Nachbarin wurden heute Nacht entführt!», sagt Simon.

«Entführt?»

Oli nickt. «Ja. Sie sind spurlos verschwunden.»

«Alle?»

«Alle bis auf Arktis hier», antwortet Seraina.

«Einen Moment», sagt Frau Müller. «Ich komme gleich runter!»

«Verschwunden? Hunde verschwinden nicht einfach so!», blafft Herr Müller.

«Jemand hat den Zwinger aufgebrochen», erklärt Oli.

«Und die Hunde sind tatsächlich weg?»

Simon nickt. «Ja. Alle vier!»

Herr Müller beginnt schallend zu lachen. «Dann kann ich ja das Hundeabwehrgerät gleich wieder abbestellen.»

Unterdessen ist auch seine Frau dazugekommen. «Das sind ja super Neuigkeiten! Ach, wie gerne hätte ich das auf Video aufgenommen. Für

die gute Nachricht habt ihr euch eine Schoggi verdient.» Sie hält den Kindern eine Schachtel mit Milchschoggi hin. «Die ist für euch!»

Seraina flüstert Oli ins Ohr: «Die wollen uns mit der Schoggi doch nur ablenken.»

Oli nickt. «Die waren es!»

Simon zwinkert seinen Freunden zu und sagt laut: «Oh Milchschoggi, die haben wir am liebsten.» Er nimmt die Schoggi entgegen. «Merci vielmals. Und nochmal sorry wegen des Schneeballs, Herr Müller.»

Der Mann brummt: «Das nächste Mal besser aufpassen!»

«Wir gehen dann mal weiter. Adje.»

Als sie ausser Hörweite sind, zeigt Simon triumphierend auf die Schokolade. «Fingerabdrücke!»

«Super, Simon!», sagt Seraina.

Oli nickt und steckt die Schoggi in einen Plastikbeutel, beschriftet ihn und verstaut ihn dann im SPUSI.

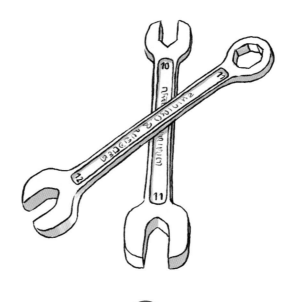

5

Ein unerwarteter Fund

Ein paar Meter weiter stehen auf der rechten Strassenseite, direkt an der Hügelkante, einige Chalets.

«Wir sollten hier überall läuten», schlägt Oli vor. «Vielleicht hat ja jemand zufällig etwas gesehen.»

Bei den ersten Chalets ist niemand zuhause. Ausserdem sind die Läden zu. Es sind wohl Ferienhäuser. Doch das Vierte scheint bewohnt zu sein. Bürgi-Roth steht auf dem Namensschild. Sie läuten. Eine alte Frau öffnet die Türe.

«Grüezi Frau Bürgi», sagt Seraina.

«Bürgi-Roth, wenn ich bitten darf. Geht am besten gleich wieder. Ich kaufe sowieso nichts!»

«Wir möchten auch nichts verkaufen», sagt Simon. «Nur etwas fragen.»

Frau Bürgi schüttelt den Kopf. «Nein, auch keine Schoggitaler, selbstgemachte Kuchen oder Briefmarken.»

Die Kinder schauen sich ratlos an. Oli macht noch einen Versuch. Er zeigt auf Arktis und fragt sehr laut und mit Pausen: «Haben – Sie – zufällig – heute – Nacht – 4 – Hunde – gesehen?»

«Moment», sagt die Frau und geht zurück in die Wohnung.

Als sie wiederkommt, trägt sie eine Brille. Ausserdem setzt sie sich ein Hörgerät ein.

«So», sagt sie schliesslich. «Was wollt ihr? Einen Hund verkaufen?»

«Nein», lacht Oli. «Heute Nacht wurden die Hunde von Frau Jenny entführt.»

«Entführt? Die arme Frau Jenny!»

«Haben Sie zufällig jemanden gesehen?», fragt Simon.

«Ja!», sagt die Frau. «Um 01:37 Uhr. Da ging das automatische Licht auf dem Garagenplatz an. Wegen des Bewegungsmelders. Davon bin ich aufgewacht. Ich habe natürlich sofort Freddys Pistole

aus dem Nachttischchen geholt und bin zum Fenster. Und da sah ich sie. 4 Hunde und eine Person.»

Die Kinder werden ganz kribbelig.

«Können Sie die Person beschreiben? War es ein Mann oder eine Frau?», fragt Oli.

Frau Bürgi schüttelt den Kopf. «Keine Ahnung. Es schneite ja so stark. Man sah nur die Umrisse. Ich dachte mir, das muss Frau Jenny sein. Die armen Hunde müssen ja so oft trainieren.»

Mehr fällt Frau Bürgi-Roth leider nicht mehr ein. Also verabschieden sich die Kinder.

Sie läuten danach noch an den beiden verbleibenden Chalets. Doch niemand öffnet.

«Und jetzt?», fragt Simon.

«Zu Dorothes Exfreund», sagt Seraina. «Ins ‹Monte Mio›.»

Oli und Simon sind einverstanden. Auf dem Weg dorthin kommen sie am Ponylift Stock vorbei. Der ist noch nicht in Betrieb. Auch die Piste ist noch nicht präpariert. Arktis schnüffelt interessiert in der Zufahrt herum.

«Vielleicht muss er mal», meint Oli.

«Ich denke eher, er riecht seine Freunde!», sagt Simon.

«Komm, Arktis! Wir müssen weiter!», ruft Seraina.

Doch Arktis beginnt im Schnee zu scharren. Er buddelt einen Plastiksack hervor.

Seraina öffnet ihn und pfeift durch die Zähne.

«Was ist drin?», fragt Simon.

«Zwei Schraubenschlüssel und ein aufgebrochenes Vorhängeschloss!»

«Zeig mal!», sagt Oli.

Für Oli ist das Knacken von Schlössern ein Sport. Dafür gibt es in der Schweiz sogar einen eigenen Verein. Oli ist dessen jüngstes Mitglied und bereits einer der schnellsten Schlösserknacker im ganzen Land.

«Klar», sagt er. «Der Täter hat die zwei Schraubenschlüssel einfach am Schloss angesetzt und sie dann gegeneinander gedreht. So geht jedes Schloss in Nullkommanix auf!»

«Auf diesen Schraubenschlüsseln finden wir sicher die Fingerabdrücke des Täters», freut sich Seraina. Sie verstaut den Plastiksack im SPUSI.

Oli zieht das S.O.S.-Notizbuch heraus. «Machen wir doch eine kurze Lagebesprechung. Was wissen wir bis jetzt?»

«Dass es ein Entführer war, und dass der mit den Hunden in Richtung Arvenbüel ging», sagt Simon.

«Und hier hat er dann den Plastiksack mit den Schraubenschlüsseln verloren», stellt Seraina fest.

«Und warum gerade hier?», fragt Oli. «Ist er den Ponylift entlang hinuntergegangen?»

Simon schüttelt den Kopf. «Ich glaube, der Täter hatte hier sein Fahrzeug parkiert!» Er schiebt mit seinem Schuh vorsichtig den Pulverschnee zur Seite. «Seht ihr! Hier sieht man sogar ein Reifenprofil. Mach mal mit dem SOS-Handy ein Foto, Oli.»

«Zu breit für ein normales Auto», meint Seraina. «Was könnte es sonst sein?»

Oli zuckt mit den Schultern. «Keine Ahnung. Vielleicht ein Lastwagen oder Transporter. Auf dem Weg zu Dorothe ist es nachts sicher unauffälliger, zu Fuss unterwegs zu sein. Das macht weni-

ger Lärm. Doch vorne im Arvenbüel hat es eh die ganze Nacht Verkehr. Dort fällt dann Motorenlärm weniger auf als ein Mensch, der mitten in der Nacht mit 4 Hunden spazieren geht.»

«Der Täter kam zu Fuss hierher», stellt Simon fest, «und fuhr dann von hier aus weiter. Passt das zu den Müllers?»

«Zutrauen würde ich es ihnen», sagt Seraina. «Doch ich glaube nicht, dass irgendwelche Hunde freiwillig mit den Müllers mitlaufen.»

Oli nickt. «Ausserdem würden die ihr Auto nicht hier parkieren.»

«Vielleicht haben die Müllers ja jemanden organisiert, um die Hunde zu entführen», meint Simon.

«Gut möglich», sagt Seraina.

«Oder es war jemand ganz anderes», meint Oli und verstaut das Notizbuch wieder im SPUSI. «Zum Beispiel der Koch!»

Simon nickt. «Dem statten wir jetzt einen Besuch ab. Los!»

6
Die natürliche Ordnung

Das ‹Monte Mio› liegt am Ende vom Skilift Arven. Vom Zentrum Arvenbüel aus sind es etwa 15 Minuten zu Fuss. Die Kinder gehen auf der Strasse. Auf halbem Weg hupt es hinter ihnen.

«So pressant kann es ja jetzt auch nicht sein!»,
schimpft Simon und stapft zum Strassenrand.

Ein Taxi fährt langsam an ihnen vorbei und
biegt dann in das nächste Quersträsschen ein.

«Oh. Da sitzt ja Koni Strebel drin!», ruft Oli.

«Ich dachte, der wohnt unten im Zentrum von
Amden», meint Simon.

«Der hat sich doch ein neues Haus gebaut»,
sagt Seraina. «Alles aus Beton, Glas und Arven-
holz. Mit Schwimmbad im Keller. Und daneben
ein Luxushundezwinger. Mein Cousin hat das
Elektrische gemacht. Er sagt, es war sauteuer.»

«Dann statten wir ihm doch gleich einmal einen Besuch ab», schlägt Oli vor.

Koni Strebel wohnt am Ende des kleinen Quersträsschens. Sein neues Haus ist wirklich imposant.

Jetzt bezahlt er gerade das Taxi. 3 grosse Koffer stehen auf dem Platz. Im Hintergrund hört man Hundegebell.

Als die drei ankommen, fährt das Taxi weg.

«Hallo», sagt Seraina. «Stören wir?»

«Aber nein», lacht Koni Strebel. «Ich komme gerade von einer Geschäftsreise zurück.» Er zeigt auf Arktis: «Einen schönen Husky habt ihr da!»

«Das ist nicht unserer», sagt Simon. «Arktis gehört Dorothe Jenny.»

«Aha», sagt Koni Strebel. «Ihr seid Einheimische. Ich dachte, ihr seid extra fürs Schlittenhunderennen hergekommen. Dann hätte ich euch enttäuschen müssen.»

«Warum denn enttäuschen?»

«Na weil ich heute das Rennen gewinnen werde», grinst Koni Strebel. «Und zwar auf alle Fälle!»

«Dann haben Sie nicht mit Dorothe Jenny gerechnet!», meint Simon.

«Ach Dorothe.» Koni Strebel winkt ab. «Die ist nicht schlecht, aber keine Konkurrenz für mich.»

«Bis jetzt haben Sie aber immer gegen sie verloren», stellt Seraina fest.

Koni Strebel wirft ihr einen giftigen Blick zu. Doch dann lächelt er. «Verloren ist das falsche Wort. Sie ist ja eine Frau.»

«Was soll das heissen?», bohrt Seraina nach.

«Frauen sind von Natur aus schwächer als Männer. Das ist die natürliche Ordnung. Ich bin ein Gentleman und habe sie bis jetzt immer gewinnen lassen. So wie man euch Kinder beim Spielen auch gewinnen lässt. Doch damit ist jetzt Schluss. Heute stehe ich auf dem Siegerpodest. Damit ist dann die natürliche Ordnung wiederhergestellt.»

«Das lässt sich gut sagen», meint Oli, «wenn man weiss, dass sie gar nicht mitmacht.»

«Was heisst hier nicht mitmachen? Ist sie krank?»

«Nein, ihre Hunde wurden doch entführt!», sagt Simon.

«Davon habe ich nichts mitgekriegt», sagt Koni Strebel. «Ich komme ja gerade erst vom Flughafen. Gestern habe ich noch mit meiner Putzfrau telefoniert. Die hat gar nichts erzählt.»

«Die Hunde wurden auch erst heute Nacht entführt!»

«War denn die Polizei schon da?»

«Ja, die können aber erst am Montag ermitteln.»

«Die arme Dorothe. Ich werde sie gleich nachher anrufen. Ich habe noch ein Ersatzgespann Hunde.»

«Brauchen Sie nicht», sagt Oli. «Dorothe holt sich gerade die Hunde ihrer Freundin Carla.»

«Carlas Hunde?» Koni runzelt die Stirn. «Die belegen regelmässig einen der letzten Plätze.»

«Besser mitmachen, als zuschauen», sagt Seraina.

Koni Strebel nickt. «Da hast du auch wieder Recht. Doch jetzt entschuldigt mich bitte. Ich muss mich auf das Rennen vorbereiten.»

«Entschuldigung, Herr Strebel», sagt Oli, «könnten wir nicht noch ein Autogramm von Ihnen haben?»

«Aber natürlich! Ich hole euch drinnen ein paar Autogrammkarten. Bin gleich zurück.»

Für Seraina sieht Koni Strebels Gesicht aus wie ein grosses aufgeblasenes Smiley.

Koni Strebel ist schnell zurück mit 3 Autogrammkarten in der Hand.

«Frisch ab Presse und frisch unterschrieben.»

Auf der Vorderseite sieht man Koni Strebel mit seinen 4 Hunden. Auf der Hinterseite steht: ‹Koni Strebel, der Champion aus Amden›.

Die Kinder bedanken und verabschieden sich.

«War er's?», fragt Simon.

Oli schüttelt den Kopf. «Der war ja gestern noch gar nicht da.» Er verstaut die Autogrammkarten mit Koni Strebels Fingerabdrücken vorsichtig im SPUSI.

Seraina nickt. «Ausserdem würde er dann Dorothe sicher keine Ersatzhunde anbieten!»

«Kommt auf die Hunde an», meint Simon. «Er denkt sicher an Pekinesen.»

«Er ist unsympathisch», sagt Seraina. «Und es ist nicht wahr, dass Männer alles besser können.»

Oli lacht. «Du kannst ihn ja mal zu einem Snowboardduell auffordern.»

«Oder zum Skateboarden!», sagt Simon.

7

Huskysalami

Inzwischen sind die Kinder im ‹Monte Mio›
angekommen. Einige wenige Gäste sitzen auf der
Holzterrasse an der Sonne. Doch die meisten sind
noch auf der Skipiste. Es ist 10:21 Uhr. Gegen
11:30 Uhr geht gewöhnlich der Ansturm aufs
Mittagessen los.

Sie binden Arktis draussen an und gehen dann ins Restaurant. Vreni, eine der vielen Cou-Cousinen von Seraina, sitzt an der Kasse. Die Kinder plaudern ein wenig mit ihr. Über die kommende Fasnacht und natürlich auch über das Schlittenhunderennen. Beiläufig fragt Seraina, ob denn Andreas auch da sei.

Vreni nickt. «Andreas! Du wirst gesucht!»

Gleich darauf kommt der Koch schon aus der Küche. Dorothes Exfreund sieht noch sympathischer aus wie auf den Fotos. Ein bisschen wie ein Bär. In der linken Hand hält er ein grosses Messer. Auf dem Unterarm sieht man ein grosses Tattoo.

«Ja, was ist?», fragt er.

«Grüezi Herr …», sagt Seraina

«Regli», brummt der Bär.

«Grüezi Herr Regli», sagen die Kinder im Chor.

«Hallo zusammen.»

Einen Moment bleibt es unangenehm still. Dann sagt Simon: «Da draussen wartet ein Freund von Ihnen.»

Andreas Regli schaut interessiert zu Arktis hin-
aus. «Das ist einer von denen, die mir meine Freundin weggenommen haben.»

«Sie mögen Hunde wohl nicht», stellt Oli fest.

«Doch, eigentlich schon», sagt Andreas Regli.
«Ich habe ja selber einen.» Er zeigt auf sein Tattoo.
«Das ist Grizzly. Ist er nicht furchteinflössend?»

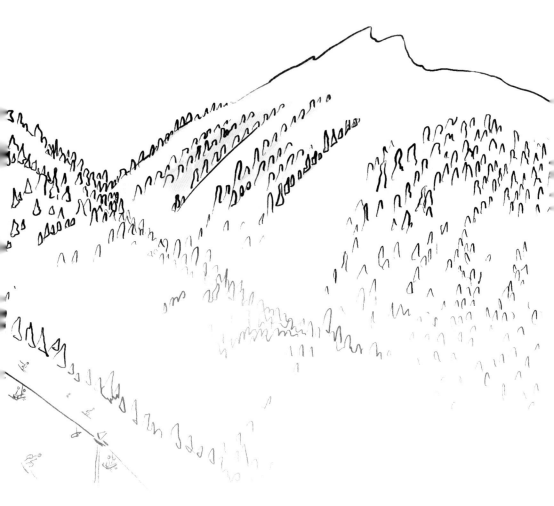

Seraina grinst. «Fast so gefährlich wie Arktis.»

«Warum seid ihr hier?»

«Letzte Nacht wurde bei Dorothe eingebrochen», sagt Seraina.

«Ist ihr etwas passiert?», fragt Andreas Regli besorgt.

Simon schüttelt den Kopf. «Nein, sie war nicht zu Hause.»

«Wurde etwas gestohlen?»

«Gestohlen wurde nichts», sagt Oli. «Aber Farlig, Frigg, Tilde und Tik wurden entführt.»

«Entführt?» Andreas Regli schaut die Kinder verwundert an.

«Jemand hat heute Nacht das Schloss vom Zwinger aufgebrochen und die Hunde mitgenommen.»

«Unschön!», sagt Andreas Regli. «Und so direkt vor dem Rennen. Das hat Dorothe sicher ziemlich getroffen.»

Seraina nickt. «Sie macht sich schreckliche Sorgen.»

«Klar. Schlittenhunderennen sind ja auch das Allerallerwichtigste in ihrem Leben.»

«Sie waren gestern Abend ja auch noch bei Dorothe.»

«Aha, daher weht der Wind. Schickt sie euch zum Schnüffeln. Jetzt denkt sie natürlich, ich hätte ihre Hunde verschwinden lassen», ärgert sich Andreas Regli. «Wo soll ich denn hin mit den Hunden? In meiner 2-Zimmerwohnung verstecken?» Er macht eine kurze Pause. «Und was mache ich mit den 4 Hunden? Husky-Salami? Das isst ja dann eh keiner.»

«Haben Sie vielleicht etwas bemerkt, als Sie gestern Nacht das Paket abgestellt haben?», fragt Simon.

«Ist das jetzt ein Verhör oder was?», antwortet Andreas Regli ungeduldig.

Oli schüttelt den Kopf.

«Wir wollen Sie nicht beschuldigen. Aber Sie könnten Dorothe vielleicht helfen», sagt Simon.

Andreas Regli nickt. «Das ‹Monte Mio› schliesst um 17 Uhr. Ich bin dann so gegen 18:30 Uhr bei ihr gewesen und habe ihre Sachen vor der Türe deponiert.»

«Und die Hunde?», fragt Seraina.

«Bellten!»

«Was haben Sie nach dem Besuch bei Dorothe gemacht?», fragt Simon.

«Dann bin ich also doch verdächtig?» Andreas Regli grinst. «Ich habe Würste gemacht, den ganzen Abend lang. Die gibt es übrigens heute zum Mittagessen. Nur bellen und rennen tun sie leider nicht mehr. Aber jetzt muss ich wieder in die Küche. Tschüss.»

«Gar nicht witzig», sagt Seraina.

«Können wir Sie anrufen, wenn wir noch eine Frage haben?», fragt Oli.

«Wenn es sein muss.»

«Könnten Sie uns Ihre Nummer geben?», doppelt Oli nach.

Andreas Regli holt einen Zettel, schreibt seine Nummer darauf und gibt ihn Oli.

«Merci, Herr Regli! Adje.»

Draussen vor dem ‹Monte Mio› verstaut Oli den Zettel im SPUSI. «Jetzt haben wir von allen Fingerabdrücke.»

«Ich denke, dass es Herr Regli war», sagt Seraina.

Simon nickt zustimmend. «Aber ich glaube nicht, dass er sie verwurstet hat. Wahrscheinlich hat er sie nur versteckt, um sich an Dorothe zu rächen.»

Oli schaut auf die Uhr. «In 8 Minuten haben wir einen Bus nach Weesen hinunter. Ab auf die Svalbard, Fingerabdrücke analysieren!»

8

Eifersucht, Hundehass oder Ausschaltung der Konkurrenz

40 Minuten später sind sie an Bord ihres Schiffes.
«Hola, Señora Frida Kahlo!», ruft Simon. «Hat man dich auch entführt?»

Señora Frida Kahlo ist Simons mexikanische Rotknievogelspinne. Sie wohnt in einem Terrarium auf der Svalbard und bewacht die Schiffskasse von S.O.S.. Darin bewahren die drei ihre Belohnungen auf. Wenn sie erwachsen sind, möchten Seraina, Oli und Simon mit dem Geld die Svalbard in Schuss bringen und nach Norwegen segeln.

«Wo ist denn unsere Frida?», fragt Seraina. «Ist sie ausgeflogen?»

«Sie ist tatsächlich weg!», stellt Oli fest.

Auch Arktis mustert das Terrarium und beginnt zu bellen.

Simon lacht. «Sogar Arktis sieht sie.»

«Genug Versteckis gespielt», meint Oli. «Jetzt machen wir die Fingerabdrücke sichtbar.»

Simon und Seraina holen das Spurensicherungsset mit Pulver, Pinsel, Klebestreifen und Karteikarten. Oli packt die Beweisgegenstände aus: Die Schokolade von Müllers, die Schraubenschlüssel mit dem aufgebrochenen Schloss, die Autogrammkarten von Koni Strebel und den Zettel mit der Telefonnummer von Andreas Regli.

«Ich schlage vor, wir suchen zuerst nach den Fingerabdrücken vom Täter», sagt Simon und zieht sich ein paar Handschuhe an.

Die anderen beiden sind einverstanden. Simon pinselt die Schraubenschlüssel und das aufgebrochene Schloss mit dem Spurensicherungspulver ein und nimmt danach mit den Klebstreifen die Fingerabdrücke ab. Diese klebt er dann auf eine Karteikarte. Oli schreibt ‹Täter› drauf.

«Viele und gut sichtbare Abdrücke!», freut sich Seraina.

Simon nickt. «Sieht aus, als hätte der Täter eine Narbe.»

«Die könnten doch von einem tiefen Schnitt stammen», schlägt Oli vor.

«Und wer schneidet sich oft?», fragt Seraina.

«Der Koch!», rufen Oli und Simon gleichzeitig

«Dann checken wir als nächstes gleich einmal unseren Hauptverdächtigen», sagt Simon und pinselt den Zettel von Andreas Regli ein. «Fingerabdrücke, Fingerabdrücke am Zettelrand, wer ist der mieseste Entführer im Amdener Land?»

Andreas Reglis Fingerabdrücke unterscheiden sich aber leider sehr deutlich von denen des Täters.

«Ich dachte schon, wir hätten ihn», ächzt Oli.

«So gemein!», mault Seraina.

«Vielleicht war es einer der anderen Verdächtigen», meint Simon.

Sie machen sich wieder ans Werk. Doch vergeblich. Weder die Abdrücke von Koni Strebel noch

diejenigen von Frau Müller korrespondieren mit denen des Täters. Die Kinder sind enttäuscht.

«Und was machen wir jetzt?», fragt Seraina. «Spaghetti kochen?»

Simon schaut auf die Uhr. Er schüttelt den Kopf: «Das liegt nicht drin. Es ist 12:15 Uhr. Das Rennen beginnt um 15 Uhr!»

«Wonach sollen wir denn suchen?», fragt Seraina. «Uns fehlen Verdächtige?»

«Wir suchen nach einer Person mit einer ausgeprägten Narbe an den Fingern», sagt Oli. «Nach jemandem, der ein paar Schraubenschlüssel ver-

misst und der ausserdem einen grossen Transporter mit einem dicken Reifenprofil besitzt.»

«Das ist, wie ein Haarspängeli im Heuhaufen finden», meint Seraina. Als Bauerntochter weiss sie genau, dass das fast unmöglich ist.

«Uns fehlt das Motiv. Warum wurden die Hunde eigentlich entführt?», fragt Oli.

«Wir haben 3 mögliche Motive», meint Simon. «Eifersucht, Hundehass und Ausschaltung der Konkurrenz.»

«Eifersucht fällt wohl weg», stellt Seraina fest.

«Bleiben noch zwei», sagt Oli. «Beginnen wir mit dem Hundehass: Wir haben hier nur die Fingerabdrücke von Frau Müller. Vielleicht war es aber Herr Müller.»

«Oder ein Auftragshundeentführer», ergänzt Seraina. «Jemand, den die Müllers engagiert haben.»

«Einen professionellen Hundeentführer erwischen wir bis 15 Uhr sowieso nicht», sagt Simon.

«Besser wir konzentrieren uns auf Motiv 3: Einer der Musher will verhindern, dass Dorothe gewinnt.»

Oli nickt. «Gute Idee, Simon. Die Hunde sind ja direkt vor dem Rennen verschwunden. Das ist wahrscheinlich kein Zufall. Und Dorothe hat ausser Koni Strebel sicher noch weitere Konkurrenten.»

«Und Musher haben doch alle ein grosses Auto, um Hunde zu transportieren», meint Seraina.

«Ausserdem sind die meisten gestern schon angereist», meint Simon. «Ich denke, wir sollten uns deren Reifenprofile anschauen.»

«Dann mal los», sagt Oli. «Hinauf nach Arvenbüel!»

Kaum sitzen sie im Bus, ruft Dorothe an. Um ungestört mit ihr zu telefonieren, setzt Oli sich nach hinten.

«Wir hätten etwas zum Essen mitnehmen sollen», seufzt Seraina.

«Dann hätten wir den Bus nicht mehr erwischt», sagt Simon. «Jetzt zählt jede Minute!»

«Wenn wir vor Hunger zusammenbrechen, können wir auch nicht mehr weiterermitteln!», mault Seraina.

Simon verdreht die Augen. Seraina fürchtet sich vor nichts und kann vieles ertragen. Doch hungrig wird sie zur Kratzbürste.

«Wir holen oben im Arvenbüel etwas», sagt er. «Versprochen!»

Oli kommt zurück auf seinen Platz. «Dorothe ist mit den Hunden schon auf dem Weg zurück. Sie hat von der Autobahnraststätte in Wädenswil angerufen. In etwa einer Stunde ist sie am Start. Ich habe ihr von den Schraubenschlüsseln mit den Fingerabdrücken erzählt. Und dass wir keine Idee haben, von wem sie stammen.»

«Hast du Dorothe gesagt, dass wir ihre Konkurrenten verdächtigen?», fragt Simon.

Oli nickt. «Sie sagte, sie sei mit vielen Mushern befreundet. Aber es gebe auch Differenzen. Am wenigsten komme sie mit den sogenannten Lifestylern aus.»

«Was bedeutet denn ‹lifestyle›?», fragt Seraina.

«Lebensstil», sagt Simon.

«Dorothe sagt, dass es den Lifestylern wichtig sei, mit ihren Hunden und ihrer Ausrüstung gesehen zu werden. Und dass sie die Sportler unter den Mushern verachten.»

«Das wäre ein neues Motiv!», sagt Simon.

«Wir sind gleich im Arvenbüel», meint Seraina. «Wie gehen wir weiter vor?»

«Dorothe sagte, wir sollen uns keinen Stress machen», sagt Oli. «Sie habe ja jetzt ein Hundegespann.»

«Wir geben aber noch nicht auf, oder?», fragt Simon.

«Sicher nicht!», sagt Seraina.

«Wir haben noch gut 2 Stunden», meint Oli.

«Die meisten Musher sind jetzt wahrscheinlich schon am Start. Wollen wir uns dort umsehen?»

Simon nickt. «Vielleicht finden wir dort unser Reifenprofil wieder.»

9
Eine folgen-schwere Wette

Im Arvenbüel machen sie sich auf den Weg zum Eisfeld. Dort sind Start und Ziel des Rennens. Die meisten Musher sind schon da und machen sich für das Rennen bereit. Auch Zuschauer hat es schon viele. Tonje sitzt an einem Tisch und trinkt Punsch.

«Har du funnet hundene?», ruft sie den Kindern entgegen.

Simon schüttelt den Kopf. «Nein wir haben die Hunde nicht gefunden.»

Die Kinder erzählen ihr vom Stand der Ermittlungen.

Tonje schaut auf ihre Uhr. «Viel Zeit bleibt euch nicht mehr bis zum Start. Ich habe auch noch alle Hände voll zu tun. Kann ich euch mit etwas behilflich sein?»

Serainas Augen blitzen auf. «Hättest du vielleicht etwas zum Essen?»

«Selvfølgelig, äh selbstverständlich», lächelt Tonje. «Setzt euch. Ich hole euch etwas.»

Tonje besorgt eine Runde Pommes mit Punsch. «Lasst es euch schmecken. Ich muss weiter. Bis später.»

«Störe ich?» Stefan Novak setzt sich zu ihnen an den Tisch.

Novak ist Skilehrer und arbeitet im Sommer als Strassenwischer. In ihrem letzten Fall hatten S.O.S. ihn als Badidieb verdächtigt.

«Helft ihr mit? Oder seid ihr am Schnüffeln?», fragt Novak und angelt sich ein Pommes-Frites aus ihrem Teller.

«Am Schnüffeln!», lacht Seraina.

«Sucht ihr den berüchtigten Pommes-Klauer?», fragt Novak und schnappt sich ein weiteres Pommes.

«Nein», lacht Simon. «Wir suchen einen Hunde-entführer!»

«Hundeentführer?»

Seraina nickt. «Dorothe Jennys Hunde wurden heute Nacht entführt.»

«Das ist nicht wahr, oder?»

«Leider doch», meint Oli.

«Scheisse!», sagt Novak.

«Sagt man nicht!», erwidert Simon.

«In dem Fall schon», grummelt Novak. «Jetzt haben wir gerade eine ganze Menge Geld verloren.»

«Wie denn das? Und wer ist wir?», fragt Seraina.

Novak seufzt. «Vor 3 Wochen sind meine Kumpels und ich, wie immer, nach der Männerriege noch ein Bier trinken gegangen. Dabei trafen wir Koni Strebel mit seiner neuen Freundin. Natürlich haben wir dann auch über das Schlittenhunderennen gesprochen. Wir haben den Strebel ein wenig geärgert, weil er doch immer nur Zweiter wird. Darüber ist er richtig wütend geworden. Er hat dann sogar mit uns darum gewettet, dass er heute gewinnt. Verliert er, bekommen wir 10 000 Franken! Und ohne Dorothe verlieren wahrscheinlich wir.»

«Vielleicht hat ja doch Koni Strebel die Hunde verschwinden lassen!», meint Simon.

«Oder seine neue Freundin», schlägt Oli vor. «Wissen Sie, wie sie heisst?»

«Ihren Namen habe ich vergessen. Aber die war es ganz sicher nicht», sagt Novak.

«Warum denn nicht?», fragt Seraina.

«Weil sie gerade in der Karibik in den Ferien ist! Koni Strebel ist auch mitgeflogen. Und für das Rennen von heute kommt er extra zurück. Sie bleibt aber noch 2 Wochen länger.»

«Chantale Bischoff, die Hundetrainerin?», fragt Simon.

«Ja, genau, die meine ich!», sagt Novak.

«Und sie ist die neue Freundin von Koni Strebel?», fragt Seraina. «Sind Sie sich sicher?»

«Seit 2 Monaten», sagt Novak bestimmt.

«Koni Strebel hatte heute Morgen doch 3 Koffer dabei», stellt Simon fest. «Vielleicht waren auch die seiner Freundin dabei.»

Oli nickt. «Klar. Die sind zusammen zurückgekommen. Und wahrscheinlich schon gestern.»

Seraina nickt. «Und letzte Nacht hat Chantale Bischoff dann die Hunde entführt. Das war für sie einfach, weil sie die Hunde ja so gut kennt.»

«Wenn es so war», sagt Simon, «wohin hat sie dann die Hunde gebracht?»

«In ihre Alphütte natürlich!», sagt Novak. «Unterhalb der Alp Altschen.»

«Ist das weit weg?», fragt Oli.

Novak schüttelt den Kopf. «Auf dem Weg zur Vorder Höhi zweigt man bei der Alp Altschen rechts zum Zopfenbach ab. Von dort aus sind es knapp 10 Minuten.»

«Ich würde sagen, die Spur ist heiss», sagt Oli.

Seraina nickt. «Dort gehen wir nachschauen.»

«Ich muss jetzt dann gleich den Winterwanderweg präparieren», sagt Novak. «In 5 Minuten fahre
ich mit dem Pistenfahrzeug los. Ihr könnt bis zur
Alp Altschen mitfahren.»

«Oh ja, super», freut sich Oli.

«Was machen wir, wenn die Hunde nicht da
oben sind?», fragt Simon.

«Ich kann euch Ski oder Schlitten ausleihen»,
schlägt Novak vor. «Was ihr wollt. Dann seid ihr
sofort wieder hier.»

Wenig später brausen die Kinder mit Arktis
auf dem Pistenfahrzeug zur Vorder Höhi hinauf.

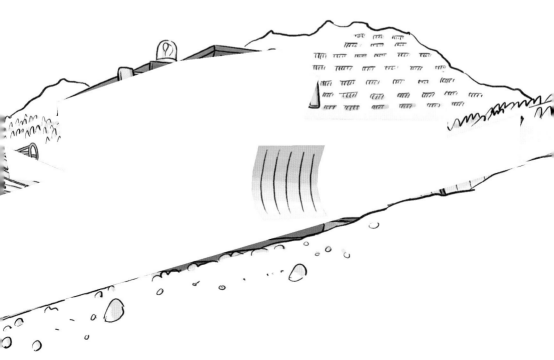

Auf der Alp Altschen hält Novak an. «Zum Haus von Chantale geht es da vorne den Hügel hinunter.»

«Das finde ich», sagt Seraina. «Merci fürs Mitnehmen.»

«Viel Glück!», ruft Novak und fährt mit seinem Pistenfahrzeug davon.

Um sie herum ist alles frisch verschneit. Simon hat bereits Unregelmässigkeiten in der Schneedecke entdeckt. «Da ist jemand durch.»

«Und der Weg führt in die richtige Richtung», sagt Oli.

Der Schnee ist tief. Sie müssen sich einen Weg hinunterbahnen. Arktis ist plötzlich ganz aufgeregt. Er beginnt zu bellen und läuft los.

«Entweder riecht er seine Freunde», meint Oli, «oder er kennt den Weg zu Chantale Bischoffs Hütte.»

«Oder beides», sagt Seraina. «Los, hinterher!»

Arktis folgt der verschneiten Spur den Hügel hinunter, über einen Holzsteg auf die andere Seite des Baches und dann leicht ansteigend durch den Wald bis zu einer Lichtung. Dort steht

eine kleine Alphütte mit einem Schopf daneben.
Aus dem kommt eine Antwort auf das Gebell
von Arktis.

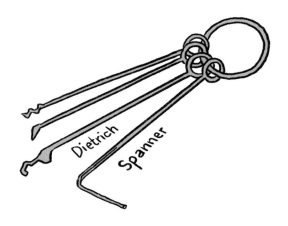

Dietrich

Spanner

⑩
In der Falle

Die Kinder bleiben in sicherer Entfernung stehen. Obwohl Arktis und die Hunde aus dem Schopf unablässig bellen, regt sich nichts.

«Chantale Bischoff ist nicht da», sagt Seraina nach einer gefühlten Stunde. «Sonst hätte sie schon längst nachgeschaut.»

Oli nickt. «Los, wir lassen die Hunde raus!»

«Und wenn sie doch da ist?», fragt Simon.

Seraina winkt ab. «Die ist nett. Die wollte einfach ihrem neuen Freund einen Gefallen tun, aber sie ist nicht kriminell!»

«Ich traue ihr nicht. Besser, wir sind auf alles vorbereitet», meint Simon und bricht sich einen Ast von einer Tanne ab.

«Angsthase!», lacht Seraina.

Sie gehen vorsichtig zu den Gebäuden. Beim Schneetöff bleibt Seraina stehen und flüstert: «Das ist doch das Profil, das wir fotografiert haben.»

«Volltreffer!», sagt Oli.

«Sollten wir nicht so schnell wie möglich die Hunde rauslassen?», fragt Simon.

Die anderen beiden nicken. Gleich darauf stehen sie mit Arktis vor dem Schopf. Die Tür ist mit einem Vorhängeschloss abgeschlossen.

«Bubileicht!», sagt Oli. Er holt ein Set mit Dietrichen aus dem SPUSI. Den sogenannten Spanner steckt er zuerst ins Schloss und stochert dann zusätzlich mit einem der Dietriche darin herum.

«Farlig, Frigg, Tilde und Tik!», ruft Seraina. «Wir lassen euch gleich raus.»

«Offen!», lacht Oli und schwenkt triumphierend das Schloss in der Hand.

Er legt die Hand auf den Türgriff. Im selben Moment ruft Simon: «Achtung!»

Seraina und Oli drehen sich um. Chantale Bischoff steht vor der Alphütte.

«Was tut ihr denn hier?»

«Grüezi Frau Bischoff», sagt Seraina.

Oli und Simon stammeln ebenfalls: «Grüezi.»

«Und du bist auch da, Arktis. Komm mal her!» Chantale Bischoff kniet sich auf den Boden. Arktis geht zu ihr und lässt sich von ihr kraulen.

«Dich kenne ich doch», sagt Chantale Bischoff zu Seraina. «Du bist aus Amden. Irgendeine Gmür. Aber wer seid ihr zwei?»

«Ich bin Simon, aus Weesen.»

«Oli, auch aus Weesen.»

«Und was tut ihr hier?», fragt Chantale Bischoff.

«Wir sind Detektive!», sagt Simon.

Oli nickt. «Dorothe hat uns gebeten, nach ihren Hunden zu suchen.»

«Und mir scheint, wir haben sie gefunden!», lächelt Seraina.

«Hat euch Arktis hergebracht?», fragt Chantale Bischoff.

«Ja», sagt Simon. «Er scheint geahnt zu haben, dass seine Freunde hier sind.»

«Und was habt ihr jetzt vor?», fragt Chantale Bischoff.

«Wir lassen Dorothes Hunde raus und bringen sie an den Start», sagt Seraina. «Koni Strebel wird dann das Rennen ziemlich sicher verlieren. Und Stefan Novak und seine Kumpel werden ihre Wette wohl gewinnen.»

Chantale Bischoff schaut die Kinder verblüfft an. «Woher wisst ihr das alles?»

«Würden Sie jetzt bitte die Hunde rauslassen?», sagt Oli bestimmt. «Das Rennen beginnt bald!»

Chantale Bischoff schüttelt den Kopf. «Nein, das geht leider nicht. Koni muss siegen.» Sie überlegt. «Deshalb bleibt ihr noch kurz hier!»

Seraina schüttelt ebenfalls den Kopf. «Nein. Wir gehen lieber wieder. Komm, Arktis!»

«Dageblieben!», befiehlt Chantale Bischoff. Sie zieht eine Pistole aus der Jackentasche.

Die Kinder erstarren. Auf einmal ist es mucksmäuschenstill.

«St…Stefan No…Novak weiss aber, dass wir hier sind!», stottert Simon schliesslich. «We…wenn wir um 15 Uhr nicht am Start stehen, alarmiert er die Polizei.»

«Umso besser. Dann können die euch gleich befreien, samt den Hunden. So kann ich in Ruhe verschwinden.» Chantale deutet mit der Pistole auf den Schopf. «Hinein mit euch! Und lasst mir dabei die Hunde nicht raus.»

«Aber …»

«Genug geplaudert, meine Lieben. Rein, aber sofort!»

Simons Herz rast. Chantale macht ihm Angst. Er öffnet die Türe zum Schopf und geht zu Farlig, Frigg, Tilde und Tik hinein. Die freuen sich und bellen aufgeregt. Seraina folgt ihm. Oli packt den SPUSI und möchte hinterher.

«Den Rucksack lässt du stehen!», befiehlt Chantale. «Und du gehst auch rein, Arktis!»

Im Schopf ist es sehr düster. Chantale Bischoff steht in der Tür mit der Pistole in der Hand.

«Aber Sie können uns doch nicht einfach hier drin eingesperrt lassen», protestiert Oli.

«2, 3 Stunden im Schopf schaden euch hoffentlich nicht.» Dann macht sie die Tür zu und schliesst hinter ihnen ab.

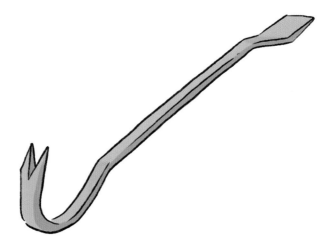

Ein ‹brekkjern› ist ein Geissenfuss

Im Schopf ist es dunkel und kühl. Simon streichelt die Hunde. Sein Herz klopft immer noch.

Auch Oli und Seraina sind ganz durcheinander. Niemand spricht.

«Das hätte ich nie von ihr gedacht», sagt Seraina schliesslich. «Mit einer Pistole auf Kinder loszugehen!»

Simon nickt. «Ich habe dir ja gleich gesagt, man kann ihr nicht trauen!»

«Zum Glück weiss Novak, wo wir sind», beschwichtigt Oli. «Ich denke, der wird uns sicher suchen.»

«Ich weiss nicht», meint Seraina.

«Pssst!», sagt Simon. Er horcht an der Schopftür. «Sie telefoniert.»

Auch die anderen beiden legen ihre Ohren an die kalte Schopftür.

«Gopf! Geh doch endlich einmal ans Telefon, Koni! Und jetzt auch noch die blöde Combox!»

«Sie ist nervös», flüstert Simon.

Einen kurzen Moment ist es ruhig. Dann ist wieder Chantale Bischoffs Stimme zu hören: «Hoi Koni. Du machst dich jetzt sicher fürs Rennen fertig. Ich drück dir ganz, ganz fest die Daumen. – Unser Plan ist aufgeflogen. 3 Kinder haben die Hunde entdeckt. Ich habe sie in den Schopf gesperrt. – Am besten, ich verschwinde. –

Ich haue ab und fliege zurück in die Karibik. Ich rufe dich dann vom Hotel aus an. Kuss. Deine Chantale.»

Gleich darauf hören sie nochmals Chantale Bischoffs Stimme: «Ja. Hallo. Ich brauche ein Taxi und zwar auf dem Parkplatz beim ‹Monte Mio›. Für Chantale Bischoff. In 15 Minuten? Das passt. Ich mache mich sofort auf den Weg.»

Es wird wieder ruhig. Wenig später hören sie den Motor des Schneetöffs aufheulen. Er entfernt sich schnell.

«Und jetzt?», fragt Simon.

«Ausbrechen natürlich», sagt Seraina. «Soll ich die Tür eintreten?»

«Die ist zu stabil», stellt Oli fest. «Lass mich einmal Licht machen.»

«Hast du den Schalter gefunden?», fragt Simon.

«Nein. Aber ich habe eine Notlampe dabei», lacht Oli.

Er zieht seinen Hausschlüssel aus der Hosentasche. Der grosse Schlüsselanhänger lässt sich aufschrauben und zu einem Schraubenzieher oder einer Klinge umfunktionieren. Ausserdem ist auch

noch eine Minitaschenlampe integriert. In deren
Schein schauen sich die Kinder jetzt im fenster-
losen Schopf um. Es gibt nichts, ausser einem
Stapel alter Bretter und Balken an der Rückwand.

«Bauschutt», murmelt Seraina.

Simon schüttelt den Kopf. «Mehr als Bauschutt!
Da guckt auch ein brekkjern heraus.»

«Ein was?», fragt Oli.

«Sorry», lacht Simon. Er zieht aus dem Holz-
stapel ein Brecheisen hervor. «Das war natürlich
norwegisch!»

«Wow! Ein Geissenfuss», freut sich Seraina.
«Gib mal her!»

Sie setzt das Brecheisen an. Die Türe knirscht
zwar, macht aber keinen Wank. Erst als die Kinder
zu dritt daran reissen, gibt das Türschloss nach.
Die drei sind überglücklich und stimmen ein
Freudengeheul an. Die Hunde lassen sich davon
anstecken und heulen mit.

⓬
Ein unerwarteter Sieg

«Was für ein Glück! Frau Bischoff hat den SPUSI
hiergelassen!», lacht Oli.

«Jetzt alarmieren wir doch gleich mal die Polizei.» Simon holt das Handy aus dem SPUSI und ruft Roli an. Der nimmt zum Glück ab. Simon erzählt ihm alles.

«14.39 Uhr», sagt Simon, als er auflegt. «In 21 Minuten geht das Rennen los.»

«Wenn wir uns beeilen, schaffen wir es noch rechtzeitig», meint Oli und zieht sich die Ski an.

Seraina schnallt sich das Snowboard unter und Simon sitzt auf den Schlitten. Dann machen sich die drei mit den Hunden auf den Weg. Vom Bachtobel hinauf zur Alp Altschen ist es nicht sehr weit. Oben angekommen, sind sie auf dem frisch präparierten Winterwanderweg. Jetzt können sie es sausen lassen. Die Hunde rennen freudig mit. Simon steuert den Lenkschlitten mit der einen Hand, mit der anderen Hand telefoniert er Dorothe. Doch die nimmt nicht ab. Also ruft er Tonje an.

Tonje freut sich. «Det gjorde du riktig bra!», ruft sie ins Telefon hinein. Das heisst so viel wie: Das habt ihr super gemacht. «Ich sorge dafür, dass Dorothe als Letzte startet!»

Simon legt auf und macht seinen Freunden ein Okay-Zeichen. Unten beim ‹Monte Mio› sehen sie Chantale Bischoffs Schneetöff. Von der Hundetrainerin ist weit und breit nichts zu sehen. Ob die Polizei sie wohl noch erwischt?

Doch die Kinder haben keine Zeit, um sich darüber Gedanken zu machen. Beim Start wartet Dorothe Jenny bereits mit ihrem Hundeschlitten. Ausserdem stehen mehrere Helfer bereit. So sind

Farlig, Frigg, Tilde und Tik schnell eingespannt. Kaum fertig, startet das Gespann auch schon auf die 8 Kilometer lange Runde.

Inzwischen haben die ersten 3 Hundeschlitten die Strecke bereits zurückgelegt. Als 4. Gespann fährt Koni Strebel ein. Mit einer sensationellen Zeit von 18:49:01 hat er mehr als 2 Minuten Vorsprung auf den Zweitplatzierten. Nach und nach kommen auch die anderen Musher im Ziel an.

Doch niemand von ihnen ist annähernd so schnell wie Koni Strebel.

Gegenüber der kommentierenden Sportreporterin äussert er sich siegessicher: «Der erste Lauf gehört mir. Und morgen holt keiner mehr die 2 Minuten Rückstand auf. Ich bin jetzt schon der Sieger. Wollen Sie eine Autogrammkarte?»

«Nicht so stürmisch, Herr Strebel! Noch sind Melchior Amacker und Dorothe Jenny nicht im Ziel!», ermahnt ihn die Sportreporterin.

Koni Strebel lacht. «Ach was. Melchior hat noch nie einen der vorderen Ränge belegt, und Dorothe wird heute wahrscheinlich Letzte werden. Ich bin der neue Champion. Und das wird auch in Zukunft so bleiben. Das liegt in der Natur der Sache.»

«Red du nur», ärgert sich Seraina. «Bald platzt die Bombe!»

Seraina, Oli, Simon und Arktis stehen bei Tonje in der Zieleinfahrt.

Als Nächstes kommt Melchior Amacker ins Ziel. Er ist Letzter. Doch der massige Musher ist vollauf zufrieden. Ihm geht es nicht ums Gewinnen.

«Nun fehlt nur noch Dorothe Jenny», hört man die Sportreporterin. «Wenn sie den ersten Lauf gewinnen möchte, müsste sie bald schon sichtbar – Da ist sie ja schon! Wenn mich nicht alles täuscht, wird das Bestzeit. Die Schweizer Meisterin zeigt einmal mehr, was sie kann. Schauen Sie sich dieses Gespann an.»

Das Publikum ist begeistert und feuert Dorothe lauthals an: «Do-ro-the! Do-ro-the!»

Seraina, Oli und Simon rufen: «Farlig, Frigg, Tilde, Tik! Farlig, Frigg, Tilde, Tik!»

Und Arktis bellt mit.

«17 Minuten, 12 Sekunden und 7 Hundertstel!», hört man die Sportreporterin. «Das ist Bestzeit. Dorothe Jenny aus Amden hat mehr als andert-

halb Minuten Vorsprung auf Koni Strebel her-
ausgefahren. Hier neben mir steht ein perplexer
Koni Strebel. Was sagen Sie zum Ergebnis Ihrer
Kollegin?»

Koni Strebel ist ausser sich. «Das kann nicht
sein!», brüllt er ins Mikrofon hinein. «Das geht
nicht mit rechten Dingen zu. Die hat sicher eine
Abkürzung genommen! Ich lege Berufung ein.»

Im selben Moment nähert sich ein Polizeiauto mit Blaulicht der Zieleinfahrt. Es wird still. Nicht einmal mehr die Hunde bellen.

Roli Gmür steigt aus dem Auto, zusammen mit einer Kollegin und Chantale Bischoff. Die Polizistin geht auf Koni Strebel zu und sagt: «Herr Strebel, wir hätten da ein paar Fragen. Würden Sie bitte mitkommen?»

⑬
S.A.M.

Am Sonntag gewinnen Farlig, Frigg, Tilde, Tik und Dorothe Jenny das erste Amdener Schlittenhunderennen. Sie lässt Seraina, Oli, Simon und Arktis aufs Siegerpodest holen und bedankt sich bei ihnen. Das Publikum klatscht dem Detektivtrio minutenlang Beifall.

3 Wochen später, an einem Samstagnachmittag, bekommen Seraina, Oli und Simon unerwarteten Besuch auf der Svalbard. Dorothe Jenny, Andreas Regli und Arktis schauen vorbei.

Das ist natürlich die beste Gelegenheit, um den neuesten S.O.S.-Drink auszuprobieren: den S.A.M., den Skrupellosen Arroganten Musher.

Andreas Regli ist von diesem Punsch so begeistert, dass er beschliesst, ihn in die Speisekarte vom ‹Monte Mio› aufzunehmen. Er hat den Kindern einen selbstgemachten ‹Husky Snack› mitgebracht. «Den habe ich aus Koni Strebels Hunden gemacht. Wir mussten sie notschlachten!»

Als er die erschreckten Gesichter von Seraina, Oli und Simon sieht, beginnt er zu lachen: «Das ist doch nur ein Witz. Der ‹Husky Snack› ist meine neue, vegane Dessertkreation. Auf die Idee dazu habt ihr mich gebracht. Auch Arktis ist ganz scharf darauf!» Ausserdem berichtet Andreas, dass er und Dorothe wieder ein Paar seien.

Als Nächstes erzählt Dorothe vom Stand der polizeilichen Ermittlungen: Das Taxi von Chantale Bischoff sei an der Ortseinfahrt Weesen gestoppt

worden. Chantale Bischoff habe sofort gestanden. Koni Strebel ebenfalls. Die Hundeentführung sei sein Plan gewesen und er habe Chantale Bischoff zum Mitmachen gedrängt. Sie hätten vorgehabt, die Hunde nach dem ersten Lauf wieder freizulassen. Doch mit dem Auftauchen von S.O.S. vor Chantales Hütte sei dann alles aus dem Ruder gelaufen.

Dorothe zieht Chantale Bischoffs Pistole aus ihrer Handtasche. Es ist eine Beretta 9 mm. Doch die Pistole entpuppt sich als Feuerzeug. Wenn man abdrückt, kommt eine Flamme aus der Mündung. Dorothe legt die Beretta auf den Tisch. Chantale schenke sie den Kindern zur Wiedergutmachung.

Dann fährt sie fort, dass die Tat natürlich Konsequenzen habe. Koni Strebel gebe den Hundesport auf und Chantale Bischoff wolle nicht mehr als Hundetrainerin arbeiten. Sie sei übrigens schwanger und habe Koni Strebel in der Karibik geheiratet.

Ausserdem wolle Koni Strebel keine Gerichtsverhandlung. Er habe sie um einen aussergerichtlichen Vergleich gebeten. Das bedeute, dass er bereit sei, eine Wiedergutmachung zu bezahlen. Sie selber habe sich mit ihm bereits geeinigt.

Koni Strebel biete auch den Kindern etwas an. Nämlich ein Kanu. Einen wenig gebrauchten Kanadier mit 5 Plätzen, inklusive Schwimmwesten. Dorothe zieht Fotos des Kanus aus der Handtasche.

Seraina, Oli und Simon sind begeistert. «Einstimmig angenommen!»

«Darauf müssen wir anstossen», sagt Simon. «Wir offerieren noch eine Runde S.A.M.»

Der Autor und der Illustrator

Frank Kauffmann (*1967, Toggenburg) und Daniel Reichenbach (*1971, Langnau am Albis)
sind beide auf dem Land aufgewachsen. Inzwischen wohnen sie mit ihren
Familien in Zürich. Diesen Fall heckten sie in Amden aus.
Im Arvenbüel dabei: Winterjacke, Notizbuch und ein 6B Bleistift.
Als Kind zeichnete Daniel am liebsten Flugmaschinen, Unterseeboote und Comics.
Er mag Animationsfilme, isst gerne Schokolade und studiert
topographische Karten. Heute arbeitet er als Illustrator.
Frank schreibt Kinderbücher. Er mag Cappuccino, liebt Bücher von
Jakob Martin Strid und tritt gerne als lesender Samichlaus auf.
Zur Zeit lernt er ausserdem gerade Norwegisch.

www.frankkauffmann.ch · www.duell.ch

S.O.S. Band 1 – Dieb in Sicht

**In ihrem ersten Fall kommen Seraina, Oli und Simon
einem «Badi-Dieb» auf die Spur, der sein Unwesen in den
Strandbädern am Walensee treibt.**

Die Geschichte geht weiter...

... auf dem Grund
des Walensees!

Langstreckenrennen

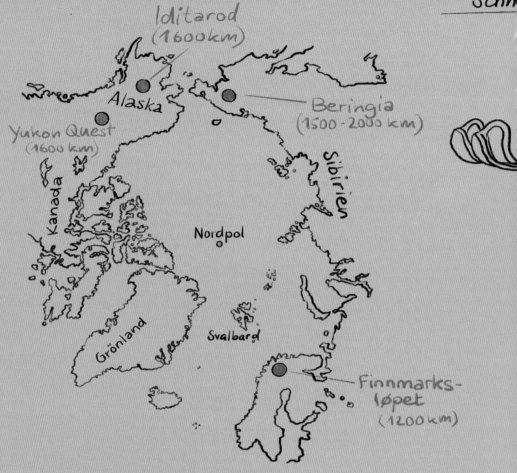

Iditarod
(1600 km)

Alaska

Yukon Quest
(1600 km)

Beringia
(1500 - 2000 km)

Kanada

Sibirien

Nordpol

Grönland

Svalbard

Finnmarks-
løpet
(1200 km)

Musherin

Zentralleine

Wheeler

16-